네가 어디 있느냐

네가 어디 있느냐

1판 1쇄 펴낸날 2025년 8월 12일

지은이 정경식

펴낸곳 시와시학
펴낸이 송영호
대표 김초혜

주소 서울특별시 동대문구 망우로21길 45 (202호)
전화 02-744-0110(대표)
　　　010-8683-7799(핸드폰)
전자우편 sihaksa@naver.com(회사)
　　　　　sihaksa1991@naver.com(편집부)

출판등록 2016년 1월 18일
등록번호 제2021-000008호

ISBN 979-11-91848-31-1(03810)
값 12,000원

* 저자와의 협의에 의해 인지를 생략합니다.
* 잘못된 책은 바꾸어 드립니다.

정경식 시집
네가 어디 있느냐

■ 시인의 말

  저의 삶을 누구보다도 헌신적으로 지지해 주신 어머니 신용옥 여사와 여동생 정경아에게 이 책을 바칩니다.

2025년 여름

정경식

차례

005　시인의 말

제1부

013　진달래
014　자화상
015　봄날
016　살구꽃 피면
017　다시 세상 속으로
018　비 오는 저녁
019　나침반
020　장미 정원
021　꽃이 있는 찻집
022　대설주의보
024　벗어나기
026　종이 상자의 음악
027　오솔길을 따라가면
028　이중창二重窓
029　수유리의 봄
030　얼굴
032　벚꽃이 피면
033　오늘과의 이별
034　봄 맞 이

제2부

037 인사동에서 본 마종하
039 여름 대나무숲
041 여동생과의 대화
042 지하철역에서
043 야광夜光
044 모순矛盾
045 종소리
046 리듬
047 고사관수도高士觀水圖
048 막걸리
049 어머니의 음성
050 안경을 닦으면서
051 폭포
052 장마
053 흔적
055 달맞이꽃, 그 추억의 자리
056 진도 해상에서의 난파難破
058 묘사描寫
059 봄에서 여름 사이

제3부

063 바람 부는 곳
064 가을의 풍경
065 국화꽃 당신
066 바람소리
067 빛 속으로
068 모닥불
069 집짓기
070 개척開拓 교회
071 귀뚜라미 울고
072 복사골 마을
073 가장 오래된 선물
075 여름이 가을에게
077 코스모스
078 가을날
079 나팔꽃
080 기도원 가는 길
081 보이지 않는 신성神聖
082 강남역 11번 출구
083 산행을 마치고

제4부

087 나에게로 떠나는 회상
089 애착愛着
090 찾아온 겨울, 한강
091 신학교 시절
092 세 사람이 길을 가다가
093 강가에서
094 혜화동에서
095 생강차를 마시면서
097 바라봄
098 첫눈
099 용인龍仁의 매
100 저녁에
101 나의 초상
102 화진포 마을에 가서
104 어느 교회에서
106 눈 오는 밤
107 기대어 살기
108 작은 위로
109 불면不眠

제5부

113　이슬이 내리기 전에
114　춘흥春興
115　경칩驚蟄에
116　봄의 노래
117　코로나 단상斷想
118　고개 숙인 해바라기
119　북한산 가는 길
120　선생님들과 함께
121　입추에
122　민들레 피면
123　가을을 지나면서
124　산책하는 국어
125　그때, 유년 시절
126　서가書架 앞에서
127　동행
128　팥죽을 끓이면서
129　눈 속
130　눈빛, 무대장치

제1부

진달래

돌 틈에 뿌리 내려
진달래가 핀다

바람에 흩날리는 꽃잎 속에
진달래의 혼魂이 핀다

봄눈이 잠드는 야산

돌아누운 아버지처럼
마른 향기 내쉬며 핀다

자화상

렘브란트 전시회를
관람하고 나오다가
봄을 쪼는 새떼를 보네
핸드폰으로
얼굴 사진 열 장을 찍어 봤더니
쓸만한 사진이 세 장,
아니, 두 장밖에 없다
빛과 어둠 사이에서
저마다 조금씩 다른 사진들
쓸만한 사진은 목련 피듯이 웃고
다른 사진은 빛의 잔영으로 고개를 향한 모습
귀가하여 홀로 국화차 마시며
글을 짓는 날
사진 두 장으로, 둥근 해처럼 웃다가
늦은 봄의 환상으로 피어오르는
저 사물들의 틈에서
나는 비로소 가난한 얼굴을 찾았네

봄날
- 윤강로 시인님께

사람이 그리울 때면
혜화동 카페에 간다
아는 사람 없어도
시가 걸려 있는 이곳에서
시를 새기며
오지 않는 시인의 음성을 되새긴다
깨끗한 손, 출중한 용모
시보다 시인을 더 사랑하시던……
지금은 어디에서
아름다운 가슴으로 자유를 눈물짓고 계신지
세상이 알지 못하는
청빈淸貧의 시절을 지나
홀로 숨어 사는 시인
나는 시인의 눈망울을 그리워하였고
시인은 나의 경계선을 세워 주었으므로
우리는 따뜻한 커피였고
식어 숨죽이는 바람이었다
사람이 그리울 때면
아는 사람 없어도
시가 걸려 있는 이곳에 온다

살구꽃 피면

살구꽃 피면 새봄이 돌아와
눈가에 반짝이는 달빛 속에
그대의 얼굴은 영롱하게 빛난다
뜰 안에 살구꽃 피면
작은 울타리도 낮아지고
불 밝힌 전철이 떠나는 밤
저녁 잠결에서 일어나 앉으면
창밖에는 하얗게 웃는 바람소리
바람은 꽃잎에 부서지고
막차로 떠나는 전철의 작은 울림소리
살구꽃 형상形象이 새겨진 찻잔에
물을 담아 마신다
달빛은 지난한 하루를 적시고
눈 안으로 들어와 서 있다

다시 세상 속으로

계시啓示의 불같은 언어도
겨울을 지나
봄에 피는 들꽃 앞에서는
작은 나비
오래된 동화童畵 속에서
성벽을 내려오는
긴 머리 여인
새파랗게 질린 입술로 밟은
대지는
소용돌이치는 현기증

비 오는 저녁

친구들은 내 관향貫鄕 공주公州를
오래된 섬이라고 말한다
사방이 산으로 막힌 도시
하늘로 승천한 용龍의 거처가 있던 곳
가끔씩
목사님이 걸어 다니는 신작로
바람 속에서도
무던히 곱게 피어나는
살구나무와 오얏나무 많던
외할아버지의 집은
사람의 왕래가 많았다
병원이 없던 시절
침針으로 동네 사람을 치료하고
때로는 지관地官으로
이웃의 죽음을 위로해 주시던
기억 속의 외할아버지 얼굴
오늘도 하얗게 비가 내린다
내리면서 나의 어깨도
감싸면서
눈물을 연분홍 꽃잎이게 한다

나침반

내 방에 있는
나침반은 상냥하다
가녀린 떨림으로
진북眞北만을 말하기에 더욱 그러하다
떨림이 수줍음으로 손가락을 내밀 때면
무엇인들 별을 보지 않을 수 있으랴
하늘의 뱃길을 두루 저어가면서
별자리는 드넓게 허공에 퍼져
움직이지 않는다
새들도 둥지 속에 몸을 숨기고
그 작은 날개를 끌어안는 시간
가만히 북으로 눈을 돌리면
기억 속에서 떠오르는 혜화동 로터리
주일主日 아침에
일력을 떼어 내면, 나침반이
길을 잃고, 가벼워진 숫자만이
뜻 없이 움직인다
숨 막히는 어제와의 이별
나목裸木의 나이테를 보면서
눈물은 나침반의 바늘처럼
어른거리며 흐른다

장미 정원

서울대공원에서
장미 축제를 즐긴다
봄날은 천천히 지나가고
장미의 넝쿨 속으로 발걸음을 옮긴다
입가에 웃음을 머금고
노란 장미 한 송이를 한동안 바라본다
그 사이, 가벼운 바람이 지나가고
난파難破당한
어느 학생들의 웃는 얼굴이 떠오른다
나의 옛 어린 꿈은
저 장미 정원에서
새들과 함께 날아오르고
봄의 환상으로 피어오른다
빈 거울 같은 봄 하늘의
햇살 속에서
꽃을 보는 하루

꽃이 있는 찻집

동네에 있는
찻집의 커피는 진하다
운치 있게 마시는
국화차와는 향기가 다르다
비가 개인 아침에
시를 우러나게 빚어지게 쓰려고
여기에 홀로 왔다
꽃냉장고에 있는
장미와 프리지아, 그리고 카네이션
창가에는
이름을 알 수 없는 화분들
상처가 많은 사람일수록
화초를 사랑한다는
지나간 연인의 속삭임이
이 아침에 스치듯 귓가를 지나간다
꽃이 있는 찻집의 꽃들은
긴 호흡으로
오늘의 사랑을 속삭이고 있다

대설주의보

묵호墨湖행 고속버스를 기다린다
한 해가 마무리되는 시간에
차가운 세상을 보기 위하여
꿈을 찾아 나선다

오래된 예언처럼
눈은 그치고
등대오름길을 찾아 나선
작고 초라한 한 무리의 사람들

하늘 바다 바람
그리고 소리 없이 돌아가는 바람개비
어머니의 품을 간직한 항구를 보며
수산물 시장을 배경으로 삼아
사진을 찍는다
내 오랜 여정의 끝은 어디일까
차가운 손을 비비며

먼 곳을 바라본다

네가 어디 있느냐*

* 창세기 3장 9절 참조.

벗어나기

> 나는 인생의 찌꺼기까지 모두 마시련다.
> - 알프레드 테니슨

그렇구나
인생의 찌꺼기까지
모두 마시기 위하여
헐벗은 가슴으로
거듭 술잔을 기울이는 친구들
험한 산골짜기를
낙오자 없이
모두 건너온 눈동자가 빛난다
이 다정한 저녁에
우리는 허물을 벗는다
가끔 찾아오는 통화를 기억하면서
거듭 부끄러움의 나를 벗는다

근심 어린 눈물과
위선의 눈초리들로부터
벗어나는 일은 자유롭다
우리는 벗어나기 위하여 일을 한다
벗어나서 마음속 샘물에 몸을 씻고
시끄러운 도시

어두운 골목길을 벗어나서
끝없는
열외자列外者의 길을 열면서 손을 모은다
눈 밝은 그대여, 다가와 말해 다오
다가서는 봄을 맞으며
진한 연필에 피를 바른다

종이 상자의 음악

오월의 하늘 아래에서
이웃 할머니의 등을 보면서
종이 상자를 가득 실은 짐수레를 밀어 드린다
오르막길을 지나며 서로 숨이 차오르자
잠시 느티나무 그늘 아래 앉아서 이야기를 나눈다
그동안 폐지를 모아서 결혼하는 손녀에게
전축을 선물했다고 이야기하시는 할머니
고물상에서 오천 원짜리 한 장을 받으시고
해맑게 웃으시는 할머니
오천 원을 커다랗게 여기시는 이웃에 사시는 할머니
나는 사실, 할머니를 도와드리기도 했지만
배부른 허망을 깊이 뉘우쳤다
서재에서 작은 라디오를 들으면서
아이처럼 즐거워서 혼자 생각에 잠긴다
누군가의 전기 제품을 감싸안고 있었던
따뜻한 폐지를 기억하면서
부끄러운 대로 너무 즐거운 이 하루

오솔길을 따라가면

냇물은 흐른다
나무를 감싸안고
자갈을 길들이고
고인 물도 함께 끌고 간다

이곳에 이르러서야
마음이 차분해진다
냇물에 손을 담그면
지나온 길

이중창 二重窓

덧창 하나를 열어 놓고
라디오를 켠다
차들이 불을 밝히고 지나가고
이웃집 건물이
어둠을 뚫고 긴 그림자를 드리우고 있다
얼마 전 문을 연 수산물 시장이 보이고
방 안에서는 음악이 흐른다
시집 한 권을 들고
벚꽃이 활짝 핀
남산 순환도로를 걸어오던
낮의 기억을 회상한다
떨어지는 벚꽃 아래에서
서둘러 닫아 놓은 마음의 문을 열며
별과 달을 맞이한다
방의 불을 끄고 꿈의 이중창을 밝힌다
창문을 열면
보이지 않는 것들이
시원하게 다가선다
흐르는 자유를 마시며
풀어지는 눈을 감는다

수유리의 봄

깁스를 풀며 봄이 찾아왔다
추웠던 긴 바람이 선선해지며
단단한 손이 풀릴 때
매화꽃 붉은 얼굴을 내미는 아침
구름 걷힌 하늘
아픈 손을 이끌며
밤새워 굳은 눈물 흘렸다

서럽게 매화는 피었다
씻긴 개울가의 물고기이듯
눈 녹은 얼음을 제치고 나아간다
사월에 죽은 용사들은
비석으로 말없이 서 있다
까만 새 한 마리 날아가고
새싹이 돋아나면
피의 자국은 더욱 선명하게 흘러
우리의 자유와 정의를 부끄럽게 하고
눈부신 빛은 투명한 가슴에 머문다

얼굴

갑자기 생각 난 얼굴을 보려고
세면대에 물을 받는다
물 속에 어른거리는 친구의 얼굴
눈물이 떨어진다

물을 휘저어 발광체를 만든다
눈물이 섞이면
더욱 밝아지는 물의 모습

아득한 방에서 시를 쓴다
쓰고 지우는 일을 반복하면서
가만히 원고를 들여다본다

친구는 알고 있을까
원고지를 물에 적시면
너의 모습이 된다는 것을
네모난 칸들이
우리의 사진처럼 빛난다는 것을

별빛 아래 춤추는
매실이 열리는
봄이 다가오고 있다

벚꽃이 피면

벚꽃이 피면
시간과 공간을 넘어서
흩날리는 사람들
조용히 바람의 외투를 뚫고 지나간다
떨어지는 벚꽃 잎새들을
나는 부드럽게 헤치며 나아간다
머물지 못하는 나는 걸어가면서
환한 봄날을 몸에 이끈다

두 눈 가득히
꽃잎을 떨어뜨리면서
우물 파랗게 내리는 달밤에
몸을 씻는다
가만히 들려오는 봄의 향기여
멀리 돌아간 사람들
달빛 내리는 창가에서
그대를 향한 그리움을 뒤로 하고
나의 영혼은
진한 연필을 들고 눈을 뜬다

오늘과의 이별

어제는
주문진注文津에서 수평선을 보다가
그동안 보아 온 밝은 것들
하늘 구름 꽃 같은 것들
어둠이 깔린 해안가는
정해진 시간의 회전만큼
지난날의 형상들을 깨워 주고
바람에 날리는 물보라와
귀향하는 사람들을 보여 주었네
나를 채우며 밀려가는
그 어둠 속에서
부서지는 파도의 가장 어두운 모습을
파도의 뒤를 조용히 가라앉히며
부딪히는 빛들 속에서
위안을 찾으려 했던 행동들과
속삭임을 알게 되었네

봄맞이

햇빛 돋아나는 날
뿌연 신작로 사이로
개나리가 죽음에서 피어나고 있다
눈물겨운 순간들
모닥불 타오르는 길목에 다가서면
손끝에서 피는 움튼다
움트면서 천천히 온몸으로 스며든다
봄은 언제나 그리움의
기억을 일깨운다
다가오는 봄날
탄천炭川의 오후는
저마다 살아나는 소리로 가득하다
내가 예지叡智의 눈을 뜬다면
몸을 누르는 무거운 옷을 벗고
투명한 눈물로
둥근 하늘을 맞이할 수 있을 것이다
따뜻하여라
가슴을 열어서 봄을 맞이하며
두 팔을 벌릴 때
나의 눈은 작은 노래를 부르게 될 것을

제2부

인사동에서 본 마종하

어느 여름날
노을이 어머니의 품처럼 빛나는 인사동에서
선생님과 뜨겁게 포옹을 한 후
종로 방향 계단에 앉아 석양주를 나눈다
가만히 나누는 대화 속에서
통과되지 않은 논문으로 굳어진
나의 다리가 풀어지고
새롭게 떠오르는 기억들

손을 잡고 전해 주는
선생님의 작은 위로
"나는 나 자신을 사랑한다"
"인내를 지속하면 모든 문이 열린다"

바람이 세차게 불어오고
하늘의 부름을 받은 마종하가 남긴
다정한 음성은
우리의 위선과 거짓을 버리라고 한다
나의 그림자도 노을처럼 환하게 웃는다

이제는 오래된 인사동 길을 천천히 걸으면서
자연으로 떠난 스인* 마종하를 되새겨 본다

* 마종하 선생이, 시인을 '스치는 사람'으로 지칭함.

여름 대나무숲

대나무는
바람에 저 자신을 아무리 맡겨도
대나무

우렁찬 여름의 한낮
이제 나도 흔들리는 나뭇잎이 되려 한다
바람처럼 흔들리어도, 무심히 사는 법에
이제는 제법 익숙해져 가고 있으니

차라리 바람을 머금은 나뭇잎에
나를 맡기는 것이 자연스럽게 되었어

오늘을 울창한 나무 속에서 보내면서
눈과 귀를 감아도 보이는 나뭇잎 소리
하늘을 감싸안을 저 유려流麗 깊은 나뭇잎들
그 아래 숨을 쉬는 나도 살아 있으므로

마음이 대나무숲 깊숙이 닻을 내려도 좋고

하늘을 포옹하는 정다운 손짓들
온몸이 걸음을 옮기며
참을 수 없는 무더위에도
나는 불어오는 바람 소리에 나를 맡기기로 했어

여동생과의 대화

화요일 아침, 서재에 틀어박혀 글을 쓸 때
벽에 피어 있는 곰팡이를 닦아 내는 여동생을 본다
이른 여름이 천천히 따뜻해지는 날
의자에 서서 검은 벽을 닦아 내는 여동생
그녀는 페인트공이 아니지만
세제로 벽을 깨끗하게 닦아 내면서
점점 밝아오는 집을 반가이 맞아들인다
벽에 붙어 있던 검은 곰팡이와
햇빛 번뜩이는 유리 밖에서, 이팝나무가
흰 얼굴을 아득히 떨어 보였고
바닥에 깔아 놓은 신문지가 물기를 머금고 있다
내가 해 줄 수 있는 일은
여동생의 아픈 어깨를 걱정하는 것뿐
노을이 지고 어둠이 내린 저녁
그녀는 검소하므로 가정을 이끌고 있다
늙으신 어머니와 하얗게 피어나는 벽을 보면서
막혔던 시야가 천천히 피어나는 것 같았다
여름이 지나가면 흰 페인트로 도장공사를 하고
집의 속살을 덧입힐 것이다

지하철역에서

늦은 밤에 일하는 이들의 손길
지하철 운행이 마무리되는
두 시간 반 동안
하품을 하고 기지개를 펴고 일어나
얼굴이 깊이 파인 중년의 아버지들은
지하역 천장으로 전선을 넣어
미세먼지 측정기를 설치한다
사람들의 발걸음 소리와
가만히 숨죽여 부르는 노래는
어두운 지하에 흘러간다
용접을 하고 선을 이으면서
전선을 감아 돌리는 형제들
휘파람 불며 견디는 그대들
사람들이 귀가한 역사 안에서
옷을 털고 일어선다

야광夜光

불이 사라지면 비로소
보이는 것들
깊은 밤에 울고 가는 소나무가
그들의 공간을 밝히는 시간
침묵 속에 하늘 위로 은하수가 번져 있다
흔들리는 사랑의 어둠과 빛 사이를
물끄러미 지켜보는 가로등
흐린 촛불 아래서
연필을 깎아서
종이 위에
떨리는 사랑 노래를 적어 내려간다
일과를 마치고 돌아가는 사람들
바람 낀 하늘에
그대의 노래는 새벽을 깨우고
돌아온 아침은
나의 꿈을 밝힌다

모순矛盾

창밖의 교회 첨탑에 달이 비치고
귀가하는 사람들이
가로등 불빛을 헤치며 나간다
양파를 물이 담긴 투명 잔에 담아
창가에 놓는다
속이 빈 양파가 뿌리를 내리고
밥과 꿈마저 애매한 채
달빛과 전등불 사이에서 앉아 있다
달빛에는 섭리攝理의 즐거움이 흐르고
전등불은 자유의 즐거움을 감춘다
벗겨도 벗겨도 속이 없는
양파를 관찰하는 일은
나로서는 제법이지만
창문을 열어 놓으면
달빛과 전등불이 겹치는 중간지대에서
모처럼 생기가 돈다
가만히 물을 마시면서
창문을 열어 놓고 전등불을 끈다

종소리

달이 솟아오른다
그리움의 얼굴을 닮은 시편들
지상에 내려온다
수많은 별들
꿈과 현실 속
종소리

이사를 다니면서
교회를 다니기 시작했다
이사 때마다
교회는 가벼운 짐이 되었다
달이 잠드는 새벽이면
떠오르는 종소리
종소리의 숫자를 세면서
새벽잠에서 깨어나곤 했다
홀로 일어나 서 있는 가로등
한여름 밤의 꿈

종소리

리듬

경쾌한 리듬으로
재빠르게 나아가는
무희舞姬의 발걸음
탈색된 세련미가 울려 난다
적막한 시를 쓰다가
마주한 발레 공연
관객의 숨소리가 멈춰 있고
무희의 움직임은
홀로 우뚝 서서 버티어 가고
무대 위를 가로지른다
토슈즈의 여인의 발
아담한 꽃처럼
허공을 가로지르는
무희의 작은 꿈

고사관수도 高士觀水圖*

햇볕이 좋은 날
박물관에 갔다
어렴풋이 찾아오는 한가로움
종이 바탕에 수묵
그림의 의미를 캐기 위해
숨은 화가의 이름 앞에
물끄러미 서 있다
얼마나 지났을까
덩굴과 절벽을 배경 삼아
바위에 기대어 엎드린 선비의 모습
살생부殺生簿에서 살아 나온 선비의
유유자적悠悠自適하는
선이 굵은
흑백 대비의 그림
물이 흐르는 무채색의 일상
사라진 시대의
간결한 옷 주름 선
향기 나는
문기文氣를 풍기고 있다

* 조선 초기의 문인, 강희안姜希顔이 그린 산수인물화.

막걸리

우리는 무엇으로 빚어져
익어 가고 있는가
모두가 조용하다
밥을 먹으며
조용하다
건져 올린
뿌연 술잔을 본다

어머니의 음성

낮이 짧아지면서
밤이 길어졌다
그만큼 불면의 시기를 보내시면서
기도했고 기도하시던 곳
어머니 홀로 눈물 닦으신 곳
차들이 움직일 때마다
집이 흔들리고
별들이 솟아 나왔다
"귀가 그리 어두워서 어쩌겠니"
어머니는 나의 걸음을 인도하셨다
무심한 도회의 생활
시끄럽고 공허한 이념
목마른 가슴속으로
순수한 피가 흐르고
밝은 빛 속으로 들어갔다
"시쓰기가 힘들지 않니"
어머니의 나지막한 목소리처럼
집이 밝아지면
별들은 지워졌다

안경을 닦으면서

먼지 자국이 앉아 있는 안경
손에 놓고 닦는다
눈이 풀리고 빗물이 흩어진다
맑아지는 여름의 환한 조각들
우리는 기도를 드리며
창밖을 바라본다
운동장이 펼쳐져 있고
우산을 받아 들고
시장으로
전철역으로
가는 사람들
가스레인지 위에서 끓어오르는
주전자의 헛김을 바라본다
젖은 눈시울의 안경을 닦으면서
그저 먼 곳을 보면서 시간을 보낸다
풀어지는 눈을 감으면서
안경을 벗으면서

폭포

폭포는 장엄하다
물살을 떨구며 소리를 발하니 더욱 그러하다
추락하는 바람이 오후의 땀방울을 씻어 내는 때에
여름은 저만치서 잠시 머물고 있다
배를 타고 가까이 다가가니
시원한 물줄기의 낙화落花를 몸으로 느낀다
저 멀리 새들도 날아가고
노래하는 물결이 배를 감싼다
부드러운 손이 건너편 하늘에 무지개를 그린다
시원하고 신속한 물의 흐름을 뒤로한 채
선착장으로 몸을 옮긴다
어느 수요일 오후에
우뚝 서서 폭포의 내려앉는 모습을 사진에 담는다
눈물은 안개인 듯 시원하게 떨어지고
가족들의 환호성을 저 멀리 보낸다
폭포는 파도가 아니지만
하얗게 밀려오는 활기찬 하루
거대한 자연 앞에서
저절로 고개를 숙이면서
여름 한낮을 흘려보낸다

장마

날씨가 후덥지근한 날
우산을 들고 탄천에 간다
높게 차오른 물살을 보면서
추억의 종이배를 띄우고 따라간다
물이 고인 땅에 땀이 떨어지고
섬유로 감싸인 몸은
빗물이 옛사랑처럼 흘러 적시운다
사랑은
받아들이는 것인가 주어지는 것인가를
생각하면서 나는 걸었다
다리 아래에서 비를 피하면서
저 멀리 흘러 내려가는 종이배를 바라보면서
함께 울고 웃던 어제를 흘려보낸다
눈에는 보이지 않는
영원한 세계를 그리며
비 내리는 오늘을 흘려보낸다

혼적

물고기의 화석이 던져 주는
혼돈을 뚫고
뿌리를 찾아
박물관의 화석을 본다
해설자가 던져 주는
이야기를 단서로
물고기의 윤곽을 추측한다
자연의 복사판
화석 위에
태고의 흔적이 남아 있다

안데스 산맥에서부터
히말라야 산맥에 두루 퍼져 있는
세월의 흔적을 더듬어 찾기가 힘에 겹다
오늘은
작가의 입장에서
뼈와 뼈 사이에 있는
미로를 걸어가며
창조자의 빛을 만나 본다

비로소 느껴지는 규칙성 있는 분포分布
오랜 검은 시공간의 울타리를 넘어서
다가서는 아름다움

달맞이꽃, 그 추억의 자리

달맞이꽃 같이 피던
8월의 한밤, 어린 시절의
공주를 회상하네
들판 위엔
그 향기 따라
벌도 나비도
미풍에 흘러 흘러 날고 있었네
한없이 널따란
이젠 허물어진 마을은
한 장 흑백 사진으로 남고
저무는 노을을 추억하며
수로 위를 떠도는
한 떨기, 달빛에 미소 지으며
피어 보는 저 달맞이꽃은

진도 해상에서의 난파難破

물살이 빠른 섬들을 지나
축복의 땅으로 가는
학생들의 환호성
퍼뜨려지는 파도는 저마다의 소리로
그 마른 눈물을 배에 뿌린다

거대한 유람선에 입술을 부비는 말씀들
그것은 항로를 벗어난
지하에 새겨지는 말씀이 되지 못한다
슬픔이 물살에 씻기는 교실을 떠난 사람들

오늘의 떨어지는 어린 꽃들은
불이 되고 독이 되고 칼이 되어 떠돈다

하늘 높이 올라가는 건물들
눈물처럼 떠오르는 학생들의 환영幻影
새벽하늘 아래에서
홀로 바다를 바라보며 눈물을 삼키는 사람들

바람이여
눈물처럼 불어다오
따스하게

묘사描寫

플라타너스 잎들이 돋아나는
여름 혜화동은 환히 밝아오고 있다
신발이 해어진 어제의 사나이가 돌아오고
정류장은 가로등이 밝게 비추고 있다
선생님과 함께 거닐던 전철역으로 가는 길은
달빛이 떠오른 골목길
어둠이 내리는 저녁의 모퉁이에서
연필을 꺼내 들고
도시의 심장을 건드려 본다
돋아나는 어제의 함성을 그려보기도 하고
사라진 로터리의 분수噴水를 다시 세운다
대리석 건물에서
쏟아져 나오는 순례자의 발걸음을 지켜본다
전철역 계단을 내려가면서
연극 포스터를 보며
그때마다 쏟아지는 시대의 환희를 듣는다
순례자들 속에서 울며 돌아오던 사나이의
어깨에선 플라타너스 향기가 풍겼다

봄에서 여름 사이

봄나무엔 꽃잎의 손짓
병상病床에는
아버지의 나지막한 숨소리
길가에 아지랑이는
아직도 미열微熱에 흔들리고 있다

이번 여름에
아버지 여의니
마음의 고향을 잃어버리고
눈물 흘린다
다리에서 힘이 빠지고
땅에 주저앉는다
어디선가 날아 온
하얀 나비
어깨에서 힘이 빠지고
먼 허공을 바라본다

제3부

바람 부는 곳

바람 부는 곳은
바다가 몸을 움직이는 해안가
파도들이 돌아 나와 가는 곳
산맥을 지나
어촌의 마을을 지나
더 갈 수 없는 등대가 서 있는 곳
낯선 곳에서 일박을 하고
선생님과 함께 찾아온 소읍의 아침
생태탕과 막걸리
벽에는 물레방아 걸려 있는
투명하게 빛나는 음식점에서
우리는 진리와 자유를 이야기하고
탈색한 유행가를 가만히 부른다
바람 부는 곳은
바다보다 푸른 하늘과
파도가 일렁이는 해안가

가을의 풍경

연못에 떠 있는 구름이 울리네
뒤돌아보는 나를 흔들어 울리네
가을의 기류가 천천히 번져 가는
이 길게 뻗친 공간, 과수원에서
나는 온몸으로 익어 가는 사과나무를 보네
천천히 흐르는 개울
햇빛이 구불구불 흐르는 정오
나는 넓은 들판에 고개 숙인 벼의 향기를 맡네
가을이 오는 소리가 들려왔을 때
모퉁이 돌도 밝게 웃는다
혼백만은 자유롭게
서녘 햇살이 내리는 석양을 바라보면서
숨결이 다스하고 슬픔도 머금은 날
약간의 물을 입에 축이니
작은 우울마저 풀어지고 사라진다
집으로 가는 길에는
여전히 잠든 외양간과 쇠죽가마
바람처럼 지나가는 가을을 매만진다

국화꽃 당신

꽃들은 바람에게 실려 가
제 몸을 내놓는다
피어난 꽃잎들은 저마다의 노래로
젖은 입술을 하늘에 부빈다

아버지의 장례를 치르고
마주한 국화꽃
그것은 마음에 문신紋身이 되어
깊숙한 어제의 눈물로 남는다

오늘의 꽃잎들은
불이 되고 물이 되어
바람이 되어 떠돈다

낮은 집들이 모여 사는 동네에
국화꽃처럼 모여서 예배하는 사람들
고향을 떠나온 사람들
이곳은 이미 천국의 백성이 된다

꽃들이여, 환히 피어 다오 사랑스럽게

바람소리

몰아쉬는 숨결
가방을 들고 찾아간 카페에서
꿈을 이루지 못하고
부끄러움으로 남은 눈물을 흘린다
가장 밝은 창가에 앉아서
고달프던 낮의 기억들을 흘려 버린다
시인으로만 남으면 되지
다른 이름으로 드러날 필요는 없다
목사고시는 치르지 않고
머리 희끗희끗해진
「큰 바위 얼굴」*의 어니스트처럼
동네 전도사가 되면 그만인 것을
소리 없이 와닿은 아름다운 변화
창밖의 플라타너스는
분주한 어둠 속에서
가까이 가지를 흔들고
나는 실내악에 잠긴 채 하늘을 보네

* 나사니엘 호손의 테일즈(단편소설).

빛 속으로

오후의 길은 밝고 새롭다
한 줄기 생명의 빛 속으로 다가가면
살며시 입가의 미소는 떠오르고
불꽃은 언제나 저만치 멀리서 빛난다
하늘은 늘 푸르고
교정의 담을 끼고 나오면
고단했던 하루의 피로가 사라진다

가만히 책을 열어 보면서
사라져 빛을 뿌리는
시인들의 일대기를 본다
별처럼 빛나는
나의 언어는 어디에 숨어 있을까
변방의 힘겨운 날들을 되새기면서
혜화동 로터리에서
길을 묻고 다시 가고 간다

모닥불

모닥불은 타오른다
딱 딱 목소리를 뿜어 댄다
연기는 착한 사람에게 가는 거라는
시인의 말에
일행은 자리를 움직이지 않고 있다
뜨겁게 타오르는 불이 목마른 가슴에 퍼져
불꽃은 말없이 저녁 하늘을 수놓는다
작은 불꽃이 이어 떨어지는
〈하이디 하우스〉*의 정원
너의 환영이 불 속에서 어른거린다
꿈을 쫓아 떠가는 연기
몸을 녹이면서 바라보는
멀리서 손짓하는 외딴 마을의 풍경
눈물은 불꽃인 듯 뜨겁게 떨어지고
우리는 시월의 마지막 밤을 노래한다
마을과 도시의 경계를 지나
다시 오지 않을 오늘의 가을을 노래한다

* 경기도 남양주시 별내면에 소재한 전원식 카페.

집짓기

지난밤에
꿈에서 본 사닥다리
차분히 올라가다가
한 마디가 없음을 보고
깜짝 놀라서 일어났다
서원誓願했던 것을 깨닫고
개척 교회 목사님을 만나
내 자신과
홀로 약속한 건축헌금을 드린다
구름보다 푸르게 펼쳐진
하늘 위에 하늘나라 가는 길
그곳에 작은 집을 짓기로 하였다
손끝에서 힘이 조금 생긴다
조용히 묵상黙想을 하면
죽음 뒤에 떠오르는 하늘나라
먼저 가신 분들을 기억하면서
가만히 밥과 꿈을 가슴에 품고
밝아오는 오늘을 천천히 걸어 본다

개척開拓 교회*

가마니 깔아 놓고
사과 궤짝을 상床으로 하여
긍정의 설교단을 만들었다

더위를 잠재우고
떨어지는 빗물을 닦아 내기 위해
희망의 천막도 올렸다

대조동** 언덕에서
밀려오는 석양을 스치듯 바라보면서
그렇게 주일主日이 되면
사람들은 말씀의 허기를 달랬다

* 초기 여의도순복음교회.
** 서울시 은평구 소재의 지명地名.

귀뚜라미 울고

귀뚜라미 울음소리
부엌을 밝히네
저렇게 까마득한 울음소리들이
사라진 추억의 찬바람이
귓전에 들려오네
그 울음소리들이
군불을 지피는 아궁이 너머에서
손에 잡히지 않는 소리로
초저녁 가을을 씻어 내네
꿈에서도 보이지 않는 사람들
귀뚜라미 울음소리
고즈넉한 황혼에 퍼지네
붉은 피 토하며 타오르는 숯불들이
밥과 꿈을 태우며
밀려드는 허공이게 하네
귀뚜라미 울음소리 밝아오는
하늘을 보네
사라진 부엌의 창을 닫네

복사골 마을

복사골 마을은 넘실거렸다
바닷가 어귀에서
분홍빛 꽃을 피워 놓았으니
다정함에 더욱 다가서기 위하여
이 마을에 왔다
바다를 만나고
바다와 마주 앉아
강릉江陵 아리랑 아리랑

별들이 돋아나는
복숭아를 먹으며
바라보는 창가
나의 얼굴은 기쁨으로 가득하다
가을 하늘 아래
바다 소리
따뜻한 옷

가장 오래된 선물

아버지의
사랑의 수고가 지닌
배추 열 포기
씨를 뿌리고
햇빛에 물을 주어 자라난
배추 열 포기
이웃에게 나누어 주려고
수레에 싣고 간다
"저희는 필요 없어요"
거절당한 오후의 선물
집으로 돌아와 눈물을 흘린다
아름답지만 슬픈 기억들
마음으로 포장된 배추를
겉절이로 버무려
늦은 저녁을 먹는다
밤과 낮 동안
쉴 틈 없이 밭으로 가서
거두어들인 배추와 무와 파를
눈물과 땀의 젓갈로

버무려 먹는다
매운 고춧가루가
포장이 벗겨진
고운 마음을 진정시킨다

여름이 가을에게

1

냇가를
천천히 걷노라면
저 멀리서 다가오는 사물들의 모습들
사람은 노을에 물들어
허공에 바래지지
한 줄의 글귀를 적어 내려간다
꽃을 떨군 이팝나무 아래에서
여름의 손은 야위어 간다

2

처서處暑로 향하는 새떼
요란한 비
흐르는 땀방울
바닷가에 몸을 담그고
계곡에서 눈을 씻는 피서객들

잘 익은 햇살로
여름이 가을에게 집을 내어 준다

코스모스

 가을 두 달은 자연과 지낸다 샘에서 퍼 올린 시간의 열매들 죽어가는 땅을 다시 살리는 사람들 침묵 속에서 쉬지 않고 나아가는 생명의 계절도 달콤한 향기 나는 허공에 흐르고 있다 화요일 아침에 신문을 열어 보면 아름다운 가을만이 까만 옷을 입고 흔들거리며 춤을 춘다 먼 길 이어주는 공간의 울타리와 꽃씨를 공책에 넣는 아이들 마을을 응시하는 하늘 아래 오늘도 도랑에 뿌리를 내린 코스모스 속에서 살고 있는 사람들

가을날

가을 운동회가 있던 날
조카의 손을 잡고 학교에 간다
아이들이
운동장을 뛰어간다
바람에 몸을 맡기며
동화 속의 세계에서
마음껏 뛰노는 아이들을 본다

하늘이 높고 푸르게 열려 있고
구름 흐르는 그늘에서
옹기종기 모여 앉아
저마다 그리움의 밥을 먹는다
아이들이 뛰노는 운동회를 통해서
그렇게 긴 더위 속을 빠져나온다
눈물이 빠지게 하품을 하면서
우리는 그 가을을 맞이하였네

나팔꽃

시간의 울타리를 넘어
나팔소리
세찬 바람과 무더운 햇빛을 이기고

가을 나팔꽃

부드럽게 은하수를 만난다

기도원 가는 길

모래바람이 불던 날
따사로운 햇빛 사이로
저 푸르른 하늘은 구름과 손잡고 있다
친구의 얼굴을 닮은 은행나무 잎을 주워서
기지개를 펴는 성경책 속에 꽂아 놓는다
일상에서 벗어나기 위해
새로 돋는 눈동자는
손과 발끝으로 번져 나간다
기도원의 가을은
언제나 누렇고 붉은 함성으로 가득하다
영혼의 햇빛 속에서
무르익어 가는
수더분한 밤나무와 단풍나무
하산하는 사람들을 바라보고
뜻 모를 마음에 위안을 얻는다
사람들과 섞여서 살되
따로 살아가는 이들의 발자국
기도원의 가을은 그렇게 익어 간다

보이지 않는 신성神聖

늘 다니던 길
홀로 깨어 일어나
나에게 말을 거네
은혜를 덧입었으면
영을 분별하는 은사恩賜를 얻도록
다 맡기고 기도하라고 하네
흰 옷자락 펄럭이는
주님에게
오른쪽 옆자리를 양보하네

강남역 11번 출구

비가 내리던 날
휴대폰을 집에 두고 온 친구를 기다린다
오늘은
신학대학원을 졸업하고
처음으로 만난다
강남역 주변에서는
우산을 쓰고 젊은 사람들만 오고간다
그 사람들 사이에서
반가운 친구들을 만나
아름다운 빗소리 들으며
이국의 따뜻한 쌀국수를 먹는다
분주한 도심 속에서 자리를 옮겨
웅성거리는 커피를 마신다
가끔씩 이렇게 활기찬 수다 속에서
월요일 오후를 벗어난다
나로부터 벗어나는 일은 즐겁다

산행을 마치고

당신을 만나려고
네잎클로버를 찾는다
힘에 부치던 산행의 기억
일행의 기다림을 멀리하고
손으로 살펴보면서
네잎클로버를 찾는다
반지를 만들어
당신의 손가락에 묶기 위해
구름이 아름답게 피어난
하늘가에서
네잎클로버를 찾는다

제4부

나에게로 떠나는 회상

어두운 낮에 비가 내리더니
이내 가느다란 싸락눈이 귀를 밝힙니다
좌판을 벌여 놓고
해장국을 먹는 젊은 상인들은
그들의 붉은 얼굴을
푸른 천막 속에서 펼쳐 놓고 있습니다
머나먼 바다에서 잡아 온 냉동된 명태들 속으로
아낙네의 칼이 배와 등을 파고들며
비리고 굳어진 물살들을 헤치고 있습니다
깊은 마음의 바다로 갑니다
아직도 아물지 않은
가끔씩 떼를 지어 출몰하는
수치심과 상처를
아직은 꺼내지 말라는 목소리를
가만히 부둥켜안습니다
혼자서 지나온 길들을
흔들거리며 지나온 시간을 돌아봅니다
분주히 좌판을 정리하는 사람들의 모습을 봅니다
떠오르는 겨울은

저무는 날을 응시하는 붉은 눈 속에서
저만큼 마른 길로 떠나가고 있습니다
이국의 동트는 수평선 그 너머로
쪽빛 물결의 콧노래를 듣는다
방파제로 가는 꿈의 길
뭉게구름 속에 멈춰선 포경선들
해바라기 이슬 따라
돛대에 못 박힌 번쩍거림을 따라
해 보던 뱃사람이
한 날의 둘레를 긴 그림자로 서성이다가
바다에 떠올라 있다
이전에 보이지 않던 소리를 보며
어둠에 내려앉는 빛을 그린다
어린 고래들이 두 갈래의 눈길로
물살을 가르며 나아가는
포물선의 바다를 그리고 있다

애착愛着

마당에서 톱질을 한다
입양한 강아지 집을 만든다
도면도 없이
떠오르는 생각대로
거친 나무의 가장자리를 사포로 밀며
기둥을 따라 못을 박는다
가련한 짐승의
겨울 집을 마련해 주기 위하여
집 안에 작은 집을 만든다

손을 펴서
담장 안의 장미를
끈으로 단단히 묶어 고정하고
추위를 다스릴 연탄도 집에 들인다
부끄러운 손을 주머니에 넣고
가난한 별들이 우는 밤하늘을 본다
어느덧 감잎이 지고
이 서늘한 눈을 가진 시간에
그리움의 노래를 불러 본다

찾아온 겨울, 한강

강물이
바람 타고 흐르는

눈물이
먼 고향 바닷물
발아래
흘러가는

낯선 조명등이
희미하게 어우러진
아름다운 천국

신학교 시절

아침에 신발을 신고
학교에 갔다

저녁에 신발을 벗고
집으로 왔다

세 사람이 길을 가다가

시인이
돌다리를 건너
작은 연못에 물길을 내네
마른 나무에
물 한 잔
언덕 넘어
작은 밭에 비 내리네
메마른 가슴이
젖네

강가에서

서럽게 울던 강江아

내 님 떠나보내고 붉게 잠기는 해

손에 붕대를 감고

홀로 배 기다리는

다시 오지 않을 마른 사랑아

혜화동에서

국화차를 마시며
선생님의 말씀을 받아 적는다
행간의 의미를 되새기며
마음 문을 연다
그림자가 뿌리내리는
혜화동의 겨울 저녁
무엇인들 사랑하지 않을 수 있으랴
창이 보이는 자리에
간판 불이 들어오고
순례자들이 오고 간다
저 멀리서 혜화동성당은
가만히 고개를 숙인다
천천히 플라타너스 곁으로
비둘기들이 날아오르고
눈물이 마른 시를 보여 드린다
저녁 흔적 뒤덮는
혜화동에서
운치 있는 국화차를 마시니
선생님의 음성은 더욱 밝아온다

생강차를 마시면서

설거지를 마친
여동생이 생강차를 끓여 준다
몸이 떨리고 저려 오는 저녁
눈 내리는 창가
눈물도 깨끗이 씻기고
차가운 손에 온기가 흐른다
차 향기는 쓰리게 가슴에 넘치고
신학교의 삼 년 훈련은
오늘 이 밤의 작은 영상(映像)이 되어
말없이 눈으로 내린다
곱게 내려라, 눈물로 쌓여라
내일이면 돌이켜 혜화동으로 향하리라
먼 곳에 계신 은사님을 만나
큰절을 올리리라
생강차의 남은 향기가
눈 속에서 차고 달다
좋은 사람을 찾지 말고
좋은 사람이 되기 위해
오늘도 시를 쓴다

눈 내리는 창가
눈물도 깨끗이 씻기고
차가운 마음에 온기가 돌아난다

바라봄

시쓰기는
반듯한 기도이자 예배의식이고
절제된 마음을 드러낼 수 있는
유일한 설교

시쓰기는
마음껏 표현할 수 있고
자기발견
거슬러 올라감으로 생기는
정서적인 불안을 이겨낼 수 있다

첫눈

책상에 앉아 글을 지으면서
홀로 생각에 사로잡힌 시간에
첫눈은 그대에게 손을 내민다

눈 내리는 날이면
모든 것이 순간적으로 정지해 보인다

그리고, 잔잔히 들려오는
눈 소리에 귀를 기울인다
운동장에서 뛰노는 아이들의 웃음을
잎을 떨군 반듯한 나무들의 등허리를
그대는 잊지 않고 살필 줄 안다

첫눈은 말씀 앞에
고개 숙인 신부의 면사포처럼 내린다
그대가 시장 앞에서
한숨짓는 사이에
첫눈은
홀로 바다를 헤엄치며 사라진다

용인龍仁의 매

하늘을 휘젓는 매를 보면
나의 영혼은
주인의 말씀을 심부름하는 매라고 여겨진다
동그라미를 그리며 하늘로 올라가는 매
적막강산의 푸른 공간에서 날아오르는 꿈

용인에도 나는 있었다
탄천의 시냇물이 살며시 얼어붙은 날
그분을 거기서 만날 수 있었다
무리 지어 잉어들이 노니는
시냇가의 가장자리에서
시만을 생명으로 삼고 있는 그분
"시는 나의 트랜지스터지요"
그분은 현직 전자 회사의 팀장으로서
시마저도 이제는 트랜지스터처럼
정렬되어 있는 속을 보아야 한다고
우리는 나란히 앉아 웃었다
그 정직한 영혼 앞에서
나도 흐트러진 나의 옷깃을 가듬다

트랜지스터, 매가 하늘을 비행하는 용인

저녁에

노을이 내린 창가에서
찬 공기를 마시고
머리까지 맑아 오는 물을 마시니
먼 사랑의 그리움을 이해하겠다
저녁 그림자 속에서
채워져 가는 가슴속에 작은 행복
물길을 따라 흘러가다가 보면
어둡던 눈은 다시금 밝아온다
손에 힘이 빠지고
걷는 이들마다 뿜어내는 입김
몸에 열기가 전해지고
눈물은 뜨겁게 고인다
깃발들이 아파트마다 걸려 있고
바람은 길을 비추며 나아간다
풀리지 않던 생각의 매듭이
잘라져 떨어지는 순간
겨울 저녁 그리움 속에서
나의 꿈은 영롱하다

나의 초상

그대의 마음을 열기 위하여
뼈대를 갖추기 위하여
나는 불꽃인 듯
몇 줄기 시냇물인 듯
개천의 징검다리를 건너다녔다

밤의 가장 은밀한 시간
서재의 이중창을 열면
나침반은
서쪽 하늘에 별을 그린다
창백한 그대의 자유를 생각하면서
겨울을 이끌고 귀가하는
길 속의 순례자의 초상

서고書庫의 책들에 눈을 돌리면
그리운 선생님
마음이 따뜻해진다
말씀의 하루 속에서
다가서는 별은 저 홀로 빛난다

화진포 마을*에 가서

나무들이 잎을 떨군 시골 마을
그림자가 물살에 빠져 흘러가는 오후
풍경을 보며 발걸음을 멈추곤 한다
추수를 끝낸 마을
왜 모든 것이
고요한 낮을 보내고 있는 것일까
사람을 그리워한 죄
어느 누굴 그토록 미워한 죄
수많은 죄들이
발목을 잡아당긴다

시골 마을의 예배당에 들어서자
마주 보고 서 있는 강대상과 오르간
그 깊고 오랜 시간 동안
마을을 지켜온 따스한 손길
조용히 기도드리며
내가 원죄原罪를 품은 죄인이라는 것을
순간적으로 깨닫고 일어선다

걸을 적마다 비어 가는 마음속에
조금씩 채워지는 작은 행복의 그림자

* 강원도 고성군 거진읍의 지명地名.

어느 교회에서

작은 종의 흔들림이
고요한 새벽 어둠을 거두어들이며
나의 온몸을 웃음 짓게 하고 있다

불빛이 켜졌다 꺼졌다 하는 집들의
기지개를 한참을 바라보다 나만 홀로 있는
이곳을 둘러보며
속사람의 쓴 뿌리와 격렬한 싸움을 하고 싶은 곳
밝아오는 눈을 이끌고 도착한 곳

눈 내리는 교회의 처마 밑
말씀은 성단聖壇에서 빛을 고르고
퍼지고 흩어지는 눈꽃처럼 허공을 수놓아 간다

일용할 양식을 얻기 위해
긴 시간의 노동과 빈 정신의 아득함을
얼마나 짐작이라도 할 수 있는가

저마다 외로운 등불을

마음의 완고함에 드러내지 않고
저 밝아오는 종소리가 몸을 흔드는 이곳
교회가 땅을 어루만지고
바다가 보이는 가난한 마을에 당도하였다

눈 오는 밤

창가에 눈이 내리네
저렇게 아름다운 눈이
고향 마을에도 내릴까
눈을 밟으면 귀가 열리고
그 웃음소리가 맴돌아,
화롯가에 모여 앉아
"너희들은 눈보다 예쁘구나"하시던
할머니의 이야기들
저마다 등을 비비며 내리는 눈은
어둠이 내린 밤 속으로
지상의 거짓과 죄를 덮어 버린다
내리는 눈 속에서
젊은 날에 위안을 주던
서재의 책을 꺼내어 본다
밑줄 친 부분들을 읽어가면서
새로운 깨달음을 얻게 된다
창가에 당신의 눈을 닮은
눈이 내리고
따뜻한 추억을 떠올린다

기대어 살기

처음 사랑이 보이지 않을 때,
조그마한 일에도 불평이 일어난다
순정純情이 식어버린 하루를 보내면서
비가悲歌를 부르며
서재의 이중창을 열어 놓는다

별이 몸을 드러내는 시간
당신을 향한 사랑은 희미하게 떠오르고
남모르게 가슴 졸이던 평화의 고백도
창가에서 어른거린다

아무 말 없이
마음에 새겨진 과거와 화해하고
당신의 가슴에 묻어 두었던 사랑을 생각한다
사랑은 참음으로 기다리는 것
먼 하늘 아래에서
환히 별이 울린다

작은 위로

뚝방의 푸른 잎들이
거품처럼 알알이 퍼지는 오후,
천천히 지는 해는
기억의 아름다움이 된다
문상問喪을 가는 노을 길
가만히 웃고 있는
국화 향 가득한 영정 사진을 보면서
몸이 떨려 온다
폐부肺腑를 씻어 내는 꽃향기여
영원한 천국으로 떠나는 것은 아름답다
한 시대의 미소가
저렇게 영정 사진으로 남고
우리는 비가悲歌를 흘려보낸다
친구의 상갓집에서 그리움의 밥을 먹고
꿈꾸는 친구의 아들을 만난다
햇빛은 몸을 숨기고
꽃들은 하늘에서 내려와 박힌다
뚝방의 푸른 잎들이
바람 속으로 고개를 숙인다
거품처럼 알알이 퍼지는 저녁 무렵

불면不眠

시를 써 나가는
속을 끓이는 사랑과
불면의 시간은
새로운 사랑의 힘을 북돋아 준다
오늘도
꿈과 현실 사이에서
눈을 부릅뜨고
내 안의 문을 연다
어둠을 저만치 밀어내고
다가서는 아침 해를 맞이한다
무더운 하늘 아래에서
조용히 입가에 웃음을 지어본다

제5부

이슬이 내리기 전에

하늘 위에서
이슬이 내리기 전에
나뭇잎들이 바람에 일렁이는 순간들
두 달 전 손주를 본
경비원 최 선생님이 손전등을 밝히고
어둠을 이끌고 나간 후
나는 빛을 뿌리는 차들을 구경한다
새벽길은 언제나 밝고 선명하다
창가의 군자란은 아득하게 손짓하며
다양한 차들의 투영投影을 보여 준다
저 멀리서
노래하는 별빛은
땅 위에 누워 있는 풀들을 서서히 깨운다
오늘의 그림자가 바람처럼 다가서고
봄의 꽃잎들에 내리는 가로등은
별을 이끌고 숨을 쉰다
새벽은 이슬에게 손짓하며
우리들의 꿈속에서 빛을 발한다

춘흥 春興

이슬비 내리는 날
두 눈을 하늘로 향하여
가늘게 내리는
봄의 인사를 맞이한다
저 빛나는 유리琉璃들 사이로
움트는 햇살이 조금씩 솟아나고 있다
오늘의 얼굴이 빛난다
시냇가 버드나무에 새순이 돋아나고
추위가 물러갈 때
저 먼 슬픔의 목록은
둥근 하늘에서 빛날 것이다
봄비 가늘게 내리는 날
당신이 가슴을 열어
두 팔을 벌릴 때
나의 호흡은 아름다운 노래가 된다

경칩驚蟄에

겨울을 날아서
봄에 꿈꾸는 새들
어디선가
마른하늘에 천둥이 친다
이슬비 내린다
놀란 벌레들이
눈을 비비며 땅에서 나온다
그리운 희망 속에서
새싹은 돋아난다

봄의 노래

햇빛이 내리는 신학교
물가에 몸을 담그고
찾아온 이곳
그 따스한 교정을 둘러보면서
졸업식에 참석한다
가만히 무릎 꿇은 박사博士들의 모습을
비스듬히 바라본다
가족과 사진을 담는 사람들
삼 년의 수련기간을 거치고
마침내
세상으로 발걸음을 옮기는 동기생들
사람이 타보지 않은 어린 당나귀
그대는 아는가
뉘우침과 고삐와의 관계를,
신학교의 유리 숲을 뒤로한 채
흔들리며
집으로 향한다

코로나 단상斷想

주일 아침
교회의 출입문에서는
발열 검사를 하지만
천국 문에서는
믿음을 확인할 것이다

채워지지 않는 눈으로
텅 빈 가슴으로
두려워하는 사람들
절망하고 쓰러진 곳에서
희망의 빛을 기다리며
불완전한
피조물임을 되새긴다

말없이 죽은 자
고통과 약함의 우리들
절망을 이기고
다시 시작하는 오후
푸른 하늘 너머에서
날아오르는 비둘기

고개 숙인 해바라기

들판에 나아가면
먼저 둘러서 있는 해바라기
태양의 따뜻한 숨결을 이제야 느끼네
고개를 떨군 자들의 눈물을 생각하고
높이 솟아 오른 해바라기
눈을 먼 산으로 향하면
밝게 떠오르는 친구들

연필을 내려놓고
성단聖壇을 장식한
고개 숙인 해바라기를 바라본다
등 뒤에서 다가오는 따뜻한 손
지나온 길을 지우며 떠나가는
눈물처럼 아련하게
정오의 태양은 비쳐 온다

북한산 가는 길

숨이 차오르는
산의 중턱에 이르면
아침 일찍 하산하는 사람을 볼 수 있다
길을 비켜 주고
조심스럽게 다시 정상으로 향한다
가을 산, 암벽에 이르면
바람이 단풍에 매달려서 소리친다
점점 더 멀어지는
도시의 숨결
큰 산의 호흡 속에서
시린 북풍의 빈 산의 정상에서
웃고 싶어서 나는 웃었고, 급기야는
소리치고 싶어서 겉옷을 벗었다
겉옷을 벗는 일은 나를 씻는 일이며
멀리 작게 보이는 도시는
우주에서 보이는 점과도 같다
물을 마시며
바람에 날리는 잎새를 보았다
어느새인가, 산 정상에선
붉은 단풍이 나를 물들여 온다

선생님들과 함께

가을 산을 오르며
바위 그늘 아래에서
선생님들과 함께
가방에서 김밥과 통닭을 꺼내어
저마다 마주 앉아 식사를 한다

정년퇴직을 하신 선생님이
하사품으로 김밥을 나누어 주시고
최근 미국 문학의 동향을 알려 주신다

은사님과 단풍나무 앞에서
붉은 시간의 사진을 찍으며
저 멀리서 날아오는
우리만이 누리는 찬란한 기쁨을 마주한다

선생님들과 함께
단풍나무를 지나면서
붉게 풀어져 나오는 눈 속으로
새롭게 일어나는 자유의 사랑을 맞이한다

입추에

여름의 부드러운 손길이 내리는 오후
먼 곳에서 날아오르는 꿈꾸는 새들
이 하루의 은총 속에서
몸을 들썩이는 산과 나무
서창에 노을이 타오를 때
오늘도 나는 식탁 등불 아래에서
땀방울을 흘리며 밥과 꿈을 먹는다

가을은 고요 속에서 길을 나선다

민들레 피면

민들레 피면
주님은 다시 오실까
햇빛 뿌리는 동산에 앉아
아버지의 밭을 바라본다

민들레 피면
냇물도 은빛 하늘을 담고
불 밝힌 전철이 어둠을 헤치며 가는 밤
서재에서 맞이한 저녁 하늘
창밖엔 어느새 노랗게 물든 바람소리

민들레 피면
꿈결에서도 볼을 붉히는 종탑
달빛은 흘러내린 가로등을 감싼다
흔들리는 홀씨는
다시금 하늘로 오를 채비를 한다

가을을 지나면서

가을이 왔다
바람이 나무를 두드리며
스며드는 가을 향기
이제는 떠나야 한다고
나지막이 읊조릴 때

열두 해를 품어왔던 사람에게
사랑 고백을 한다
가만히 눈을 맞춘다
밤새워 굳은 눈물 녹이던
당신과 함께 국화는 피었다
이제는 함께 떠나야 한다고
나지막이 읊조릴 때

산책하는 국어

어디선가 인쇄기 움직이는 소리

세종대왕이 길에 앉아 있고

조용하다

이국어로 마춰당한 국어사전

나는 도서관에서 깜박 졸고 있다

그때, 유년 시절

해 기우는 논길
가을이 흐르고
외양간을 품에 안은 집
과수원 길
귀가하는 오리 길
조금,
조금씩
찾아가는
나만의
시골집

서가書架 앞에서

인간의 목소리가
어디까지 아름다울 수 있는가
가슴이 차분해지는 아리아를 듣는다
내 안의 뜰을 걸어서 돌아왔을 때
흔들거리며 빛나는
연필과 종이
가만히 말하는 음성만으로도
상처 난 몸을 치유할 수 있어서
저마다 나부끼는 깃발들을
저 깊은 서가에서 본다
높고 넓게 때로는 깊게
아름다움을 드러내는 시집들
나를 길들이는 주님의 손길
굳어지고 갇혀 버린
기억의 모퉁이를 감싸안는다

동행

저녁 한때, 우리는
지나온 시간을 되돌아본다
저마다 선택된 일터를 지키며
반짝이는 기억을 가슴에 품는다

살며시 한 발
나는 듯이 또 한 발
어른거리는 삶을 찾아서
자유롭게 함께 걷는다

달빛 속에서
해안가를 바라보는 것은
방파제를 감싸는 파도만이 아니라
다시 시를 쓰기 시작하는
나만의 고백이 있다

많은 시간이 흐른 뒤에
가만히
선생님의 내미는 손을 부여잡는다

팥죽을 끓이면서

팥죽을 끓인다
창문 밖을 바라본다
고가도로 위로 전철이 지나가고,
드넓은 운동장에서
한 무리의 사람들이 축구를 하고
몇몇은 걷고 있다
그것뿐이랴
끓어오르는 바람과 물이
붉은 팥죽 속으로 끌리어 가고
밤이 가장 깊은 동짓날
팥죽을 먹으며
그저 눈을 감고 시간을 보낸다
활기를 띠어 가는 몸의 소리를 들으면서
팥죽을 먹으니
어느덧
몸이 따뜻해지고
싸락눈이 내린다

눈 속

눈은 소나무 위에서 반짝인다
가로등 솟아 있는 길을 따라
어둠은 뚫려 있다
쌓이는 눈은, 주님의 손짓인 채
하얗게 인광燐光을 발한다
검은 모자를 쓰고 다가온 어둠,
반짝이는 도시의 기억을 떠올리고
나의 가방은 찢겨 있다
열리거라, 찬란히 빛나는 별들,
돌아누운 바다
나는 어둠 속 등대의 눈길을 따라
꿈 같은 서정 시편을
가슴 가득히 펼쳤다 닫는다
아름다운 슬픔
어둠 속에 걸어가면 그대는 모르리
날아오르는 꿈, 가벼워진 꿈을
밤에 떠오르는 별들 속에서
찢긴 가방을 바로 메고
가로등 위로 내리는 눈 속으로 걸어간다

눈빛, 무대장치

객석에서
빛의 천장 끝으로
동남서북
희로애락 얹어주는
청중의 눈빛만 한

무대장치 있을까

가녀린 몸짓
창문, 햇빛
달빛이 무르익는 무대에서
무대에서
이상향이 있을까